믿음의 사람 여호수아

목 차

1. 모세의 후계자 여호수아

말씀 듣기

1. 여호수아는 모세의 뒤를 이어 후계자가 되었어요.
2. 하나님은 여호수아에게 담대함을 주셨어요.
3. 모든 백성이 여호수아를 따르기로 다짐했어요.

하나님의 말씀을 듣고, 따라서 쓰고, 외워보세요

2. 길갈에서 할례를 명하는 여호수아

하나님의 말씀을 듣고, 따라서 쓰고, 외워보세요

말씀 듣기

1. 하나님은 모든 사람들에게 할례를 행하라 명령했어요.

2. 할례는 하나님의 백성임을 증거하는 표시예요.

3. 할례를 통해 애굽의 수치를 떠나게 해 주셨어요.

3. 여리고 성을 무너뜨리는 여호수아

하나님의 말씀을 듣고, 따라서 쓰고, 외워보세요

말씀 듣기

1. 하나님은 제사장의 나팔소리를 통해 말씀하셨어요.
2. 승리를 위해서는 모두 힘을 합쳐 소리치라고 했어요.
3. 하나님께서 여호수아에게 승리를 약속해 주셨어요.

4. 땅을 분배하는 여호수아

하나님의 말씀을 듣고, 따라서 쓰고, 외워보세요

말씀 듣기

1. 약속의 땅은 믿음의 사람들만이 나누어 가질 수 있어요.
2. 우리도 하나님의 약속을 믿고 끝까지 믿음을 지켜야 해요.
3. 약속으로 받은 땅은 앞으로 우리가 갈 천국을 의미해요.

너는 이 땅을 아홉 지파와 므낫세 반 지파에게 나누어 기업이 되게 하라 하셨더라 (여호수아13:7)

5. 세겜에서 언약을 세우는 여호수아

하나님의 말씀을 듣고, 따라서 쓰고, 외워보세요

말씀 듣기

1. 하나님보다 다른 것을 더 사랑하면 우상이 돼요.
2. 하나님을 잘 섬기려면 선택을 잘해야 돼요.
3. 가족 모두가 하나님을 잘 믿을 수 있도록 기도해요.

6. 딤낫 세라에 장사되는 여호수아

하나님의 말씀을 듣고, 따라서 쓰고, 외워보세요

말씀 듣기

1. 여호수아는 하나님의 신실한 일꾼이었어요.

2. 여호수아는 자신의 사명을 잘 완수했어요.

3. 여호수아는 하나님의 품으로 돌아갔어요.

다른 그림 찾기

여호수아가 하나님이 주신 사명을 잘 감당한 후 마지막 고별 설교를 하고 있어요.
왼쪽 그림과 다른 부분 7군데를 오른쪽 그림에서 잘 찾아보아요. ^^ (정답은 16p에)

사다리 타기

여리고 성은 하나님의 명령대로 7바퀴를 돌고 난 후 함성을 지를 때 무너졌어요. 몇 번째 사다리를 타고 가야 7번이 있는 성으로 갈 수 있을까요? 잘 따라가 보아요. ^^(정답은 16p에)

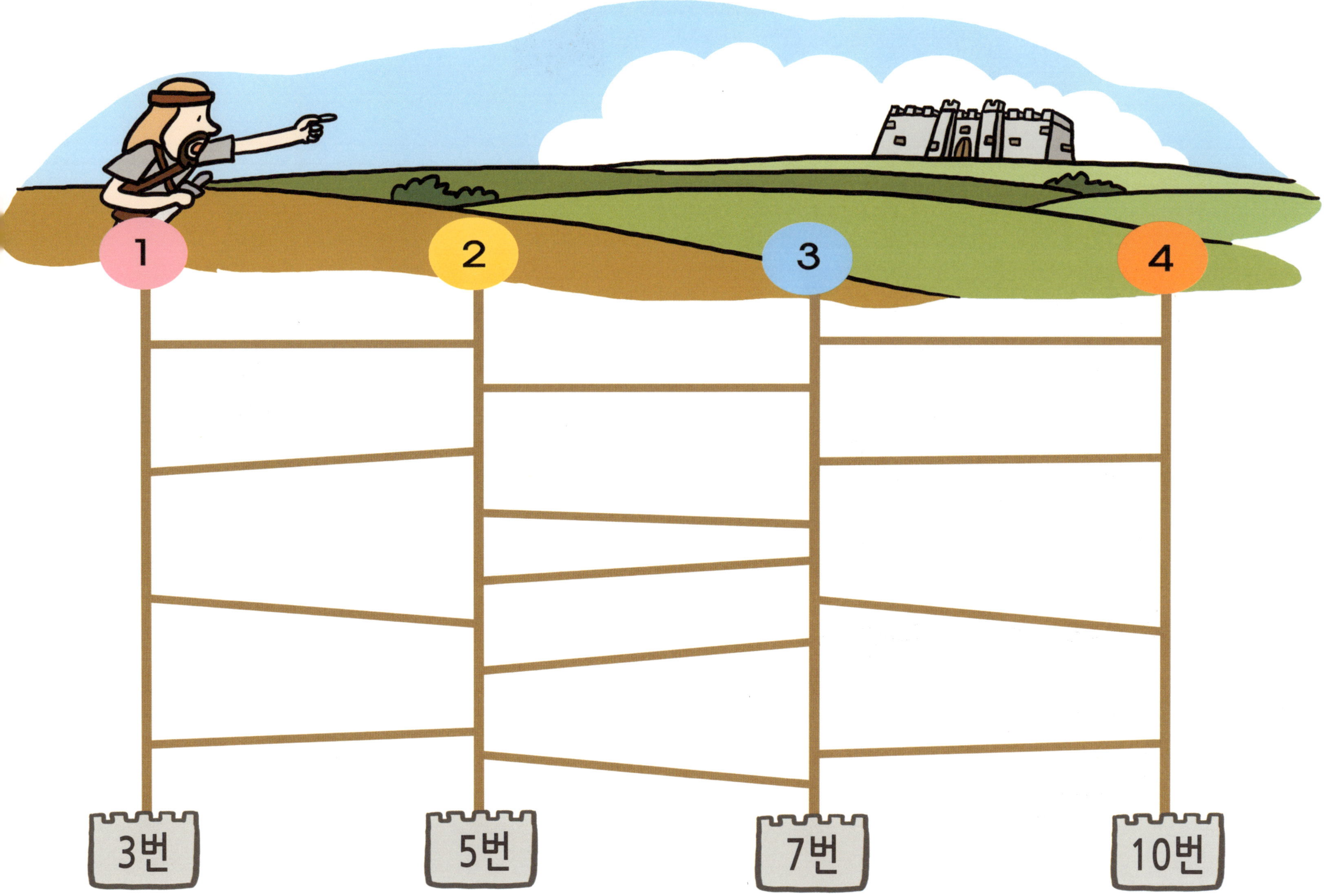

정답 : 다른 그림찾기(14p) / 사다리 타기(15p)

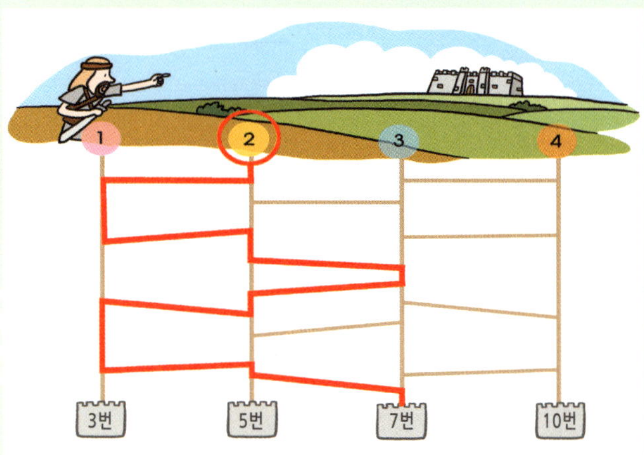

김 지 숙 작가

약력

김지숙 선생님의 그림은 섬세하면서도 따뜻하게 마음에 다가 옵니다. 크리스천 일러스트레이터로 성경의 그림을 다양한 캐릭터로 표현하여, 어린이들의 신앙 서적에 성경그림을 그려주는 일을 기쁨으로 하고 있습니다. 선생님은 어린이를 믿음으로 인도하는 어린이교육선교회에서 근무하였으며, 지금은 프리랜서로 많은 활동을 하고 있습니다.

EBS방송, 방송통신대학, 다락원의 어학용 교재와 두산동아에서 교과서 편집에 참여하였으며, 주요 작품으로는 '어린이시청각 파워포인드 설교' '워킹 홀리데이' '예수님의 작은 제자' '키즈 바이블 드라마' '일어나서 자기까지' 외 다수의 많은 작품들이 있습니다.

믿음쑥쑥 지혜쑥쑥 듣고 따라쓰며 색칠하는 그림성경

구약12 **믿음의 사람 여호수아**

초판 1쇄 인 쇄 · 2019년 8월 19일
발 행 · 2019년 8월 22일

그 림 · 김지숙
발행인 · 민태근
발행처 · 도서출판 일오삼
주 소 · 서울특별시 중랑구 동일로 107길 12
전 화 · (02)964-6993 / Fax (02) 2208-0153
등 록 · 제 5-485호
메 일 · 153books@hanmail.net

ISBN 978-89-89236-49-8
ISBN 978-89-89236-65-8(셋트)

※ 이 책에 인용된 성경은 (개역개정)을 사용하였습니다.